果物を楽しむ新しい一皿

フルーツキッチン

タイニーフルーツキッチン

はじめに

私にとって子供の頃からフルーツは特別なものでした。
学校の通学路にあった果物屋さんを覗くのが毎日の楽しみでした。
その美しい姿に魅了され、旬のフルーツの出始めによく母にねだったものです。
色とりどりの美しいフルーツの甘くて爽やかな味わいと共に
たくさんの楽しい思い出があります。皆さんもフルーツの思い出はきっとあると思います。

最近のフルーツは生産者さんのご尽力もあって
以前よりとても美味しくなりました。
子供の頃覗いていた果物屋さんはもう無くなってしまいましたが、
スーパーマーケットでも様々なフルーツが手に入るようになりました。
そのまま食べても十分美味しいものですが、
私はこれにひと手間かけて料理に取り入れてみました。
すると食卓がとても楽しくなったのです。

フルーツを使った料理は風味も色彩も多様になり楽しい美味しさが生まれます。
フルーツの持つ新しい魅力を楽しみながら豊富なビタミンや
ミネラルをいただく事もできます。

本書ではフルーツの持つ自然の甘さや香りを
ひきだしたレシピを紹介しています。
皆様のフルーツの魅力を再発見するお手伝いになれば嬉しいです。

タイニーフルーツキッチン

contents

[本書の使い方]

- 大さじ1は15mℓ、小さじ1は5mℓです。
- 電子レンジは600Wのものを使用しています。
- 使用する電子レンジ、オーブンなどの機種によって加熱時間や加熱温度、仕上がりの具合は異なります。本書の表示時間を目安にしながら調整してください。
- 火加減は特に表記がない場合はすべて中火で調理、加熱してください。
- 皮ごと使うレシピの場合はフルーツをしっかりと水洗いして、水気を取ってから調理してください。
- 本書でバターと書かれているものは有塩バターになります。
- 本書でコショウと書かれているものは、ブラックペッパーとホワイトペッパーがブレンドされた粉末のもので、黒コショウと書かれているものはブラックペッパーのみを粗挽きしたものになります。

chapter 3

staple food

chapter 4

drink & dressing

Tiny FRUIT KITCHEN

chapter

1

appetizer

オレンジ入りキャロットラペ

千切りにしたにんじんにオレンジの香りと
レーズンの甘さが加わりおもてなしの一皿に。

材料（2人分）

にんじん … 中1本
オレンジ … 大1個
レーズン … 20g
レモン果汁 … 大さじ1
オリーブ油 … 大さじ2
砂糖 … ひとつまみ
塩 … 少々
コショウ … 少々
粒マスタード … 小さじ1

作り方

1 にんじんは皮をむき、千切りにする。

2 オレンジは皮と薄皮をむき、房ごとに分ける。

3 すべての材料をボウルに入れしっかり混ぜる。
1時間以上冷蔵庫に入れて味をなじませる。

洋梨とハムとナッツのサラダ

洋梨の甘さとハムの塩味の相性は最高です。
さらにベビーリーフとナッツを加えれば
華やかな一品になります。

材料（2人分）

洋梨 … 1個
ハム … 40g
ミックスナッツ … 適量
A | レモン果汁 … 小さじ2
オリーブ油 … 大さじ2
塩 … 小さじ½
ハチミツ … 小さじ1
ベビーリーフ … 100g
コショウ … 適量

作り方

1 洋梨の皮をむき、8等分のくし切りにして、さらに半分の大きさに切る。
2 ハムは一口大の棒状に切る。ナッツは粗く刻む。
3 ボウルにAを入れてよく混ぜる。
4 1と2を3に加えて和える。
5 器にベビーリーフを盛り、その上に4をのせて、
コショウをかける。

柿カプレーゼ

モッツァレラチーズとトマトの組み合わせが
定番のカプレーゼ。柿とシナモンの組み合わせは
新鮮な美味しさです。

材料（２人分）

柿 … １個
モッツァレラチーズ … 100g
クルミ（素焼き）… 適量
オリーブ油 … 大さじ1
シナモン … 少々
塩 … 少々
メープルシロップ … 適量

作り方

1 柿はヘタを取り、皮をむき、5㎜の厚さに切る。
2 モッツァレラチーズは水を切り、5㎜の厚さに切る。
3 1と2を皿に交互に並べる。
4 軽く砕いたクルミ、オリーブ油、シナモンをかける。
5 塩とメープルシロップをかける。

グレープフルーツとホタテのマリネ

ホタテの旨味にグレープフルーツの爽やかさを合わせて。

材料（2人分）

ホタテ（刺身用貝柱）… 200g
グレープフルーツ … 中1個
A | りんご酢 … 大さじ½
　| オリーブ油 … 大さじ2
　| ハチミツ … 大さじ½
　| 塩 … 少々
ピンクペッパー … 適量
ディル … 適量

作り方

1 ホタテは3枚の薄切りにする。
2 グレープフルーツは皮と薄皮をむき、房ごとに分ける。
3 グレープフルーツの¼を潰して大さじ1の果汁を絞る。
4 Aと3をボウルに入れて混ぜ合わせる。
5 ホタテと残りのグレープフルーツを器に交互に並べて4をかける。冷蔵庫に1時間ほど入れて冷やす。
6 ピンクペッパーとちぎったディルをちらす。

オレンジとセロリのチキンサラダ

意外な取り合わせですが香りと食感が新鮮なサラダです。

材料（2人分）

オレンジ … 中1個
セロリ … 中1株
サラダチキン … 150g
A | オリーブ油 … 大さじ1
りんご酢 … 大さじ1
きび砂糖 … 小さじ1
塩 … 少々
黒コショウ … 少々
ミックスナッツ … 15g

作り方

1 オレンジは皮と薄皮をむき、一口大に切る。セロリは筋を取って、一口大に切る。サラダチキンは食べやすい大きさに裂く。

2 1とAをボウルに入れて混ぜ合わせる。塩、黒コショウで味を調える。

3 2を器に盛り付けて、粗く刻んだナッツを全体にちらす。

キウイとブロッコリーの卵サラダ

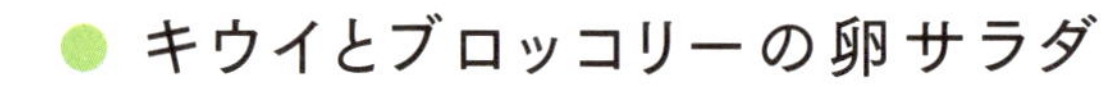

いつもの卵サラダにブロッコリーの食感と
キウイフルーツの甘さを加えて楽しいサラダに。
ビタミンも強化されて朝食におすすめです。

材料（2人分）

ブロッコリー … ⅔株
卵 … 2個
キウイフルーツ … 2個
マヨネーズ … 大さじ3
コショウ … 少々
塩 … 適量

作り方

1 ブロッコリーは一口大に切り、
塩を加えた熱湯で2分ほど茹でる。

2 卵は固茹でにして一口大に切る。
キウイフルーツも同様に一口大に切る。

3 すべての材料をボウルに入れて、軽く混ぜ合わせる。

柿とカブの生ハム巻き

シャキシャキとしたカブと柿の甘み、
生ハムの塩味がとても合います。

材料（2人分）

小カブ … 1個
柿 … 1個
A オリーブ油 … 大さじ1
　レモン果汁 … 小さじ1
　塩 … 少々
　ハチミツ … 小さじ1
生ハム … 50g
黒コショウ … 適量
ピンクペッパー … 適量
ルッコラ … 適量

作り方

1 カブは皮をむき、一口大に切る。
2 柿はヘタを取って皮をむき、一口大に切る。
3 Aをボウルに入れ、混ぜ合わせる。
4 3に1を加えて混ぜる。
5 4と2を1つずつ合わせて、生ハムで巻き、器に置く。
6 5に黒コショウをかけ、ピンクペッパーをのせてルッコラをちらす。

焼き柿のクリームチーズ添え

柿は中までしっかり焼くとトロトロに。
仕上げにバルサミコ酢をかけてお召し上がりください。

材料（2人分）

柿 … 中2個
クリームチーズ … 適量
クルミ（素焼き）… 適量
バルサミコ酢 … 適量

作り方

1 柿の上部を切り落とし、十字に切り込みを入れる。
2 オーブントースターの天板にアルミホイルを敷き、1の切り口を上にして15分ほど焼く。
＊果肉が柔らかくなるのが目安。
3 焼けた2を取り出し器に盛る。クリームチーズと砕いたクルミをのせ、バルサミコ酢をかける。

グレープフルーツとカツオのサラダ

カツオのたたきにグレープフルーツを合わせて
サラダに仕立ててみました。
いつものたたきが爽やかでおしゃれな一品になります。

材料（2人分）

グレープフルーツ … 1個
カツオのたたき … 120g
A | レモン果汁 … 大さじ1
オリーブ油 … 大さじ2
醤油 … 小さじ2
おろしわさび … 少々
塩 … 適量
コショウ … 適量
ベビーリーフ … 30g

作り方

1 グレープフルーツは皮と薄皮をむく。
2 カツオのたたきは一口大に切る。
3 Aをボウルに入れてよく混ぜる。
4 3に1と2、ベビーリーフを加えてよく和える。

メロンとキュウリとカッテージチーズのサラダ

メロンとキュウリの爽やかなサラダです。カッテージチーズのコクが良いつなぎになります。ミントを加えてより爽やかに。

材料（2人分）

メロン（果肉のみ）… 350g
キュウリ … 1本
カッテージチーズ … 40g
ミント … 適量
A｜オリーブ油 … 大さじ1
　｜酢 … 大さじ1
　｜きび砂糖 … 小さじ1
　｜レモン果汁 … 小さじ1
塩 … 少々

作り方

1 メロンは一口大に切り、キュウリは輪切りにする。

2 ボウルに1とカッテージチーズ、ミント、Aを入れてよく混ぜる。塩で味を調える。

りんごとツナのサラダ

りんごに手に入りやすいツナ缶を加えて
甘さと食感が楽しいサラダに。

材料（2人分）

りんご … ½個
ツナ（缶詰）… 60g
マヨネーズ … 大さじ2
塩 … 少々
コショウ … 少々
ルッコラ … 適量
クルミ（素焼き）… 適量

作り方

1 りんごを8等分に切る。
芯を取って、5㎜の厚さに切る。
2 ツナは油を切ってボウルに入れる。
3 2に1とマヨネーズ、塩、コショウを加えて混ぜる。
4 ルッコラを器に敷き、
上に3を盛って粗く刻んだクルミをのせる。

みかん入りコールスロー

缶詰のみかんをプラスして
甘くて美味しいコールスローを作りました。

材料（2人分）

キャベツ … 300g
みかん（缶詰）… 150g
A | 酢 … 大さじ1
きび砂糖 … 小さじ2
マヨネーズ … 大さじ1½
塩 … 適量
コショウ … 少々

作り方

1. キャベツは千切りにして、塩（分量外）をひとつまみかける。
2. 1を耐熱性の容器に入れてラップをふわりとかけ、2分半電子レンジにかける。
3. 2を箸でかき混ぜて粗熱をとり、しっかり水分を絞る。
4. 3を冷蔵庫でしっかりと冷やす。
5. 4にAを混ぜて、塩とコショウで味を調える。
6. 5にみかんを加えて軽く混ぜる。

イチゴとミニトマトのマリネ

真っ赤なイチゴとミニトマトの組み合わせは
春の食卓をいろどります。

材料（2人分）

イチゴ … 小10個
ミニトマト … 中10個
A | オリーブ油 … 大さじ1
| ハチミツ … 大さじ1
| 塩 … 少々
| レモン果汁 … 小さじ2
黒コショウ … 適量

作り方

1 イチゴとミニトマトのヘタを取って水洗いし、ペーパーで水分をとる。

2 1のミニトマトは半分の大きさに切る。

3 Aをボウルに入れ、混ぜ合わせる。

4 3にミニトマトを入れ、よく混ぜて10分ほどおく。

5 4にイチゴを加えてさっと混ぜる。器に盛り、黒コショウをかける。

イチゴスープ

イチゴをふんだんに使って、かわいいピンクのスープを作りました。

材料（2人分）

イチゴ … 180g
絹豆腐 … 150g
レモン果汁 … 小さじ1
ハチミツ … 大さじ2
生クリーム … 50ml
イタリアンパセリ … 適量

作り方

1 イチゴは洗ってヘタを取り、半分に切る。
2 ミキサーに1と豆腐、レモン果汁、ハチミツを入れ攪拌する。
3 2と生クリームを鍋に入れ、混ぜながら火にかけて、周りがふつふつとしてきたら火を止めて器に盛る。イタリアンパセリをのせる。

ベリーとブッラータチーズ

人気のブッラータチーズを鮮やかなベリーと。おもてなしにぴったり。

材料（2人分）

ブッラータチーズ … 1個
冷凍ミックスベリー … 100g
イチゴ … 小10個
黒コショウ … 少々
ミント … 適量
オリーブ油 … 大さじ2

作り方

1 ブラッターチーズを器の真ん中におく。
2 ミックスベリーとヘタを取ったイチゴをちらす。
3 黒コショウをチーズの上にかけ、ミントをのせる。
4 オリーブ油をかける。

column A

最初はフルーツジュースを、そしてドレッシングを作ってみましょう。

フルーツは好きだけど、料理に使うのは抵抗があるという方もいらっしゃると思います。そんな方でも生のフルーツを使ったジュースは好きなのではないでしょうか。

私は以前、駅などでよく見かけたジューススタンドで生のフルーツジュースをいただくのが大好きでした。仕事などで疲れた時、1杯のジュースで心も体も回復するのを感じ、よく立ち寄りました。いろいろなフルーツに元気をもらう事ができました。最近そのようなスタンドはデパートの地下にあるぐらいで減ってしまった気がします。そんな事もあり家でジュースをよく作るようになりました。外で飲める場所が少なくなっただけでなくハンドブレンダーを買った事も大きかったのかもしれません。

ブレンダーはコップ一杯分のジュースでも作りやすいですし、最近のものはコンパクトで小回りが効き先端も簡単に洗えるのでとても気に入っています。熟してしまい消費を急ぐフルーツで作ったジュースは甘くてすごく美味しいです。家で作れば牛乳や甘味を加えて自分好みの味にできるのも嬉しいです。

他にもブレンダーを購入してからよく作るようになったのはフルーツを使ったドレッシングです。フルーツを攪拌してからオリーブ油、酢、塩、コショウ、少しの甘味を加えてもう一度よく混ぜれば、添加物が入っていない美味しいドレッシングができあがります。その日食べる分だけ作れば新鮮で無駄もありません。レタスなどの葉物のサラダはこれで味のバリエーションが増え、とても美味しくなります。このようにフルーツの使い方に慣れてくるとだんだん料理に取り入れてみたくなるはずです。

chapter 2

ぶどうと豚肉のバルサミコソテー

ワインに合う豚肉の炒め物です。
ぶどうの甘味とバルサミコ酢の酸味が絶妙に合います。

材料（2人分）

ぶどう* … 12粒
豚モモ肉（薄切り）… 120g
マッシュルーム … 5個
ニンニク … 1片
塩 … 少々
コショウ … 少々
薄力粉 … 大さじ1
オリーブ油 … 大さじ1
A | 白ワイン … 大さじ1
　| バルサミコ酢 … 大さじ1½
　| 醤油 … 小さじ1
　| ハチミツ … 小さじ1
*ぶどうは種なしで皮ごと食べられるものを
選んでください。

作り方

1. ぶどうは半分に切り、マッシュルームは薄切り、
ニンニクはみじん切りにする。Aをボウルに入れて混ぜ合わせる。
2. 豚肉は食べやすい大きさに切り、塩、コショウ、薄力粉をふっておく。
3. フライパンにオリーブ油を熱し、ニンニクを入れて香りが立ってきたら
2を入れる。強火で両面焼き色がつくまで焼く。
4. 3にマッシュルームを加え、しんなりとするまで炒める。
5. 4にぶどうを加えてサッと炒める。
火を止め、混ぜ合わせたAを全体にかける。
6. もう一度火をつけて、強火で10秒ほど炒める。

洋梨と焼豚の春巻き

おかずにもおつまみにもなるフルーティな春巻きです。
カリッとした皮とトロッとした甘い洋梨、
焼豚の塩味がとても合います。

材料（5個分）

洋梨 … ½個
春巻きの皮 … 5枚
焼豚 … 5枚
水溶き片栗粉 … 適量
オリーブ油 … 適量
酢 … 適量
醤油 … 適量

作り方

1 洋梨は皮をむき、芯を取って薄切りにする。

2 焼豚は巻きやすい大きさに切る。

3 春巻きの皮に1と2をのせて包む。
巻き終わりに水溶き片栗粉をつける。

4 フライパンにオリーブ油を深さ5㎜ほどに
なるように入れて、揚げ焼きにする。

5 きつね色になったら油を切って器に盛る。
小皿に酢醤油を用意する。

パイナップルのリング肉巻き

甘酸っぱいパイナップルに豚肉を巻けば、さっぱり美味しく形も楽しい。

材料（2人分）

パイナップル（缶詰/輪切り）… 4枚
豚バラ肉（薄切り）… 150g
塩 … 少々
コショウ … 少々
サラダ油 … 適量
A | 醤油 … 大さじ2
　| みりん … 大さじ3
　| 料理酒 … 大さじ2
　| しょうが（チューブ）… 小さじ1
クレソン … 適量

作り方

1. パイナップルに豚肉を巻きつけて塩とコショウをふる。
2. フライパンにサラダ油を入れ、1の両面に焼き目がつくまで焼く。
3. フライパンの油をペーパーで拭き取る。
4. Aを加えて、2に絡めながら煮詰める。
5. 器に盛り、クレソンを添える。

りんごのポークソテー

焼いたりんごをソース代わりでいただけば、簡単なのに贅沢な味わいに。

材料（2人分）

りんご … 中1個
豚ロース肉（とんかつ用）… 2枚
塩 … 少々
コショウ … 少々
薄力粉 … 適量
バター … 20g
白ワイン … 50㎖
ローズマリー … 適量

作り方

1 りんごは皮をむき、芯を取って一口大に切る。

2 豚肉は筋を切り、両面に塩、コショウをすり込み薄力粉をはたく。

3 フライパンにバター（10g）を入れ、1を加えてしんなりするまで焼く。

4 3をフライパンの端に寄せ、残りのバターを溶かし豚肉を入れ、両面を焼く。

5 りんごを豚肉の周りにおき、白ワインを加え、蓋をして蒸し焼きにする。

6 豚肉が焼けて汁がほどよく煮詰まったら、火を止め器に盛り、ローズマリーを添える。

豚バラ肉のパイナップル煮

パイナップルジュースで柔らかく煮た豚肉にパイナップルを添えて。

材料（2人分）

豚バラ肉（ブロック）… 400g
塩 … 少々
コショウ … 少々
A 醤油 … 大さじ2
　すりおろししょうが … 小さじ2
　ニンニク … 1片
サラダ油 … 小さじ2
パイナップルジュース … 250mℓ
酢 … 大さじ1
醤油 … 大さじ2
砂糖 … 大さじ1
パイナップル（缶詰・輪切り）… 2切れ

作り方

1 豚肉は一口大に切り、フォークで穴を開け、塩、コショウをふる。ニンニクは皮をむいて潰す。
2 ビニール袋にAと1を入れて、20分ほど漬ける。
3 フライパンにサラダ油を熱し、2の豚肉だけを入れて両面を焦げ目がつくまで焼く。
4 袋に残った2とパイナップルジュース、酢、醤油、砂糖を加えて、落とし蓋をしてときどき煮汁を絡めながらひっくり返し、照りが出るまで弱火で45分ほど煮込む。
5 4を器に盛り、半分に切ったパイナップルの輪切りをのせる。

● ベリーソースミートボール

ミートボールを甘酸っぱいソースでいただく北欧の伝統料理を
お手軽にアレンジしてみました。

材料（2人分）

冷凍ミックスベリー … 100g
グラニュー糖 … 大さじ1
レモン果汁 … 小さじ1
たまねぎ … 中½個
パン粉 … 大さじ2
牛乳 … 大さじ1
牛豚合挽き肉 … 300g
A | 塩 … ひとつまみ
　| コショウ … 少々
　| ナツメグ … 少々
　| 卵 … 1個
薄力粉 … 大さじ1
バター … 大さじ1
B | 生クリーム … 100mℓ
　| 醤油 … 小さじ½
　| コンソメ（顆粒）… 小さじ½
マッシュポテト … 適量

作り方

1 ミックスベリー、グラニュー糖、レモン果汁を鍋に入れて煮詰める。
とろみがついたら火を止める。

2 たまねぎはみじん切りにする。パン粉は牛乳に浸す。

3 ボウルに合挽き肉と2、Aを入れて、よく練り合わせる。
ラップをかけて冷蔵庫で30分ほど寝かせる。

4 3を一口大に丸めて、薄力粉をふる。

5 フライパンにバターを熱し、4を入れて焼き目がつくまで焼く。

6 フライパンから5を取り出して、フライパンの油をペーパーで拭き取る。

7 5をフライパンに戻して、Bを加えてとろみがつくまで煮る。

8 7を塩とコショウ（分量外）で味を調えて器に盛り、
1とマッシュポテトを添える。

ぶどうのチキンソテー

ぶどうをソースのように使って贅沢な気分に。

材料（2人分）

ぶどう* … 10粒
鶏もも肉 … 1枚
塩 … 少々
コショウ … 少々
サラダ油 … 小さじ2
料理酒 … 大さじ2
赤ワインビネガー … 大さじ2
ハチミツ … 大さじ1
ルッコラ … 適量
*ぶどうは種のないものを選んでください。

作り方

1 ぶどうは熱湯にくぐらせてすぐに冷水につけ、湯むきする。
2 鶏肉は切り込みを数カ所入れて、塩、コショウを両面にふり、10分おく。水気が出たらペーパーでとる。
3 フライパンにサラダ油を熱し、皮面を下にして2を入れる。両面に焼き目がつくまで焼く。
4 料理酒（大さじ1）を加えて蓋をし、中までよく火を通す。
5 蓋を取り水分を飛ばしてから残りの料理酒と赤ワインビネガー、ハチミツ、1を入れて煮詰める。
6 鶏肉を器に盛り、ルッコラを添える。ぶどうを上からかける。

りんごとサラダチキンのチーズソース

手軽さで人気のサラダチキン。りんごとチーズソースでひと味違った一品に。

材料（2人分）

りんご … ½個
サラダチキン … 1パック
バター … 15g
薄力粉 … 小さじ2
牛乳 … 100㎖
ピザ用チーズ … 100g
黒コショウ … 適量

作り方

1 りんごの皮をむき、芯を取って1㎝の厚さのくし切りにする。

2 1を耐熱皿に入れ、軽くラップをかけて1分半電子レンジにかける。

3 サラダチキンを1㎝の厚さの薄切りにして別の耐熱皿に入れ、ラップをして1分ほど電子レンジにかける。

4 鍋にバターを入れて弱火でゆっくり溶かす。薄力粉を加え、焦がさずダマにならないようによく混ぜ合わせる。

5 4に牛乳とピザ用チーズを加えて混ぜる。トロトロの状態になったら火を止める。

6 1と2を皿に交互にのせ、5と黒コショウをかける。

りんごと豚肉のキッシュ

甘さと塩味が絶妙。おやつにも良いですがワインのお供にもなります。

材料（2人分・16cmパイ型皿）

- 豚ロース肉 … 150g
- りんご … 1個
- たまねぎ … ½個
- バター … 大さじ1½
- 料理酒 … 40mℓ
- 塩 … 小さじ½
- コショウ … 少々
- 卵 … 2個
- 生クリーム … 80mℓ
- 冷凍パイシート（20cm×20cm）… 1枚
- ピザ用チーズ … 70g

作り方

1. 豚肉に塩（分量外）をふり、少しおいてから細切りにする。
2. りんごの皮をむき、芯を取っていちょう切りにする。たまねぎは薄切りにする。
3. フライパンにバターを熱し、1と2を加えて炒める。
4. 3に料理酒、塩、コショウを加えてさらにしんなりするまで炒める。
5. ボウルに卵を割り溶き、生クリームを加えてよく混ぜる。
6. パイシートを伸ばしてパイ皿に敷き詰める。
7. 6にフォークで数カ所穴を開け、その上に4を均一にのせる。
8. その上に5を流し込み、チーズを均一にのせる。
9. 8を200度に予熱したオーブンで30分ほど焼く。

パイナップルと牛肉の串焼き

焼いたパイナップルは甘さが凝縮してよりおいしくなります。

材料（4本分）

パイナップル … ½個
牛ステーキ肉 … 200g
A ケチャップ … 大さじ1
中濃ソース … 大さじ1
醤油 … 大さじ½
ハチミツ … 小さじ1
ニンニク（チューブ） … 小さじ½
サラダ油 … 大さじ½
竹串 … 4本
サンチュ … 適量

作り方

1. パイナップルの⅛はみじん切りにして、残りは一口大に切る。
2. 牛肉は一口大に切る。
3. ビニール袋に2を入れてAとみじん切りにした1を加えて揉みこみ、1時間ほどおく。その間に竹串を水に10分ほどつける。
4. 竹串にステーキ肉とパイナップルを交互にさす。
5. フライパンにサラダ油を熱し、4を並べて2分ほど焼く。焦げ目がついたら裏返し、中心に火が通るまで1、2分焼く。
6. サンチュを敷いた器に5を盛る。

りんごとじゃがいものオーブン焼き

焼いて甘みが増したりんごとホクホクのじゃがいもの
組み合わせが楽しいレシピです。
ローズマリーを加えることで香りも楽しめます。

材料（2人分）

りんご … 中1個
じゃがいも　中1個
ニンニク … 2片
厚切りベーコン … 60g
バター … 10g
オリーブ油 … 大さじ2
塩 … 少々
コショウ … 少々
ローズマリー … 2本

作り方

1 りんごは皮をむき、芯を取って一口大に切る。
2 じゃがいもは皮をむき、1と同じくらいの大きさに切る。
3 ニンニクを薄切りにし、ベーコンは小さめの棒状に切る。
4 耐熱ボウルにバターを入れ電子レンジで溶かす。
オリーブ油と塩、コショウを加えて混ぜる。
5 耐熱バットに1と2を並べて4をハケで塗る。
6 5に3をちらす。
7 6の上にローズマリーを置いて200度に予熱した
オーブンで30分ほど焼く。

レモンとイワシのオーブン焼き

イワシは水煮の缶詰を使うので簡単。レモンの風味が加わり、
チーズとパン粉でお洒落な一皿になります。

材料（2人分）

イワシ（水煮缶）… 350g
コショウ … 少々
レモン … ½個
パン粉 … 大さじ3
オリーブ油 … 小さじ1
ピザ用チーズ … 80g
パセリ … 適量

作り方

1 イワシの水気をとって、コショウをふる。
2 レモンは輪切り（2枚）にする。
残りのレモンは皮を小さじ1ほどすりおろして、
大さじ½ほどの果汁を絞る。
3 パン粉にオリーブ油とすりおろしたレモンの皮を加えて混ぜる。
4 耐熱容器に1を並べて、2のレモン果汁をかける。
2のレモンの輪切り、チーズ、3の順にのせる。
5 4を230度に予熱したオーブンで15分ほど焼く。
6 こんがり焼けたらオーブンから取り出し、パセリをちらす。

手羽元のキウイ煮

キウイフルーツの酵素で柔らかくなった手羽元。
生のキウイフルーツも添えて爽やかな味わいに。

材料（2人分）

キウイフルーツ … 1個
手羽元 … 350g
A | 醤油 … 大さじ2
 | 料理酒 … 大さじ2
 | ニンニク（チューブ）… 小さじ½
水 … 100㎖

作り方

1 キウイフルーツは皮をむいて⅓は薄切りに、残りはみじん切りにする。
2 ビニール袋にみじん切りにした1と手羽元、Aを入れてよく揉む。冷蔵庫で1時間ほど冷やす。
3 鍋に2を入れ水を加えて、汁気がなくなるまで煮る。
4 器に盛り、薄切りにした1をのせる。

オレンジとアジのパン粉焼き

アジとオレンジは相性が良いです。
パン粉の香ばしさにパセリの香りがアクセントになります。

材料（2人分）

オレンジ … ½個
アジ … 2尾
塩 … 少々
コショウ … 少々
粉チーズ … 大さじ1
パン粉 … 大さじ3
オリーブ油 … 大さじ1
パセリ … 少々

作り方

1 オレンジは⅓を半月切りにする。残りで大さじ1ほどの果汁を絞る。

2 アジは3枚におろして、塩、コショウをふる。

3 耐熱皿に1のオレンジの半月切りを敷き、その上にアジをのせる。

4 3に1のオレンジ果汁をかける。

5 4に粉チーズ、パン粉、オリーブ油をかけて
240度に予熱したオーブンで25分ほど焼く。

6 アジに火が通ってパン粉に焼き目がついたら取り出して、
刻んだパセリをかける。

ぶどうとホタテのガーリックロースト

意外な取り合わせにガーリックの香りが新鮮。

材料（2人分）

ぶどう* … 50g
パセリ … 1株
ねぎ … 10cm
ニンニク…1片
ホタテの貝柱（生食用）… 6個
小麦粉 … 適量
オリーブ油 … 大さじ1
料理酒 … 大さじ1
塩 … 適量
*ぶどうは種なしで皮ごと食べられるものを選んでください。

作り方

1 ぶどうは半分に切る。
2 パセリとねぎとニンニクはみじん切りにする。
3 ホタテに小麦粉をふる。
4 フライパンにオリーブ油を熱し、3を加えてこんがり焼き色がつくまで両面焼く。
5 4に2と料理酒、塩を加えて、アルコールが飛ぶまで加熱する。
6 5に1を加えて混ぜてから、軽く熱して火を止める。

えびレモンクリーム

クリーミーだけどレモンの香りでさっぱりいただけるえびのレシピ。

材料（2人分）

レモン … 1個
マッシュルーム … 中5個
むきえび … 350g
料理酒 … 大さじ1
片栗粉 … 大さじ1
バター … 大さじ1
生クリーム … 100㎖
コンソメ（顆粒）… 小さじ½
塩 … 少々
コショウ … 少々

作り方

1 レモンの半分は輪切りにし、残りの半分は絞り、大さじ1ほどの果汁をとる。マッシュルームは薄切りにする。

2 ビニール袋に洗ったえびと料理酒を入れ、5分ほど置いてから水気をペーパーで拭く。

3 2に片栗粉をまぶす。

4 フライパンにバターを熱し、広げてから2を入れる。えびの色が変わったら1のマッシュルームを加える。えびは両面こんがり焼き色がつくまで焼く。

5 4に生クリームと1のレモン果汁を加えてとろみがつくまで煮る。

6 5にコンソメを加え、塩、コショウで味を調える。

7 6を器に盛り、輪切りにした1をのせる。

冷凍や缶詰のフルーツを上手に使いましょう

最近の冷凍食品の進化はすばらしいと思います。以前より品質が格段によくなりバリエーションも増えて購入するのが楽しくなりました。冷凍のフルーツも収穫後すぐに急速凍結されるため、鮮度や栄養価が保たれているようです。スーパーやコンビニでもそんな冷凍フルーツがたくさん並んでいて手に入りやすくなりました。長期保存できるので冷凍庫に常備しておけばいつでもフルーツを使う事ができます。以前なら簡単に食べる事ができなかった季節外れのフルーツでもすぐに用意する事ができます。そのまま食べてもシャーベットのようで美味しいのですがジュースやスムージー、ドレッシング、ソースやパイの具材にも活かしやすいので試してみてください。料理に少しだけ使いたいときも無駄なく使える事も利点です。

一方、缶詰は昔からあるフルーツと相性の良い保存食品です。最近では少し影が薄いフルーツの缶詰ですが、多くの方が子どもの頃から馴染みがあるものだと思います。その中でも私は特にパイナップルやミカンの缶詰がお気に入りです。どちらも剥く手間もなく、そのまま調理にも使いやすいフルーツです。

例えばパイナップルは酵素を利用して調味料として使えばお肉を柔らかくする働きがあるので、マリネや煮込み料理に使ってお肉を美味しくいただいています。みかんもサラダやサンドイッチの具などに使いやすい素材です。シロップに浸かっているため甘みが強いので調理の時はその甘味を生かして使ってください。他にも桃や洋梨など美味しい缶詰はたくさんあります。常温で長期保存ができる缶詰は常備のしやすさでは一番のフルーツです。

ぜひ冷凍や缶詰のフルーツを常備しておき、思い立った時に今まで試したことのない使い方を工夫してみてください。

chapter

3

staple food

レモン水餃子

レモン風味のクリームで煮た水餃子は
まるでラビオリのような洋風の一皿になります。
水餃子は冷凍の市販品を使っても美味しいです。

材料（2人分）

レモン … ½個
牛乳 … 200㎖
水餃子（冷凍）… 10個
コンソメ（顆粒）… 適量
ディル … 適量
オリーブ油 … 適量
コショウ … 適量

作り方

1 レモンは横半分に切って大さじ1ほど果汁を絞る。
2 1の残りのレモンは薄いいちょう切りにする。
3 鍋に牛乳を入れて弱火にかける。水餃子を加えて火が通るまで煮る。
4 3にコンソメを加えて混ぜる。
5 4に1を加えて混ぜ、とろみがつくまで煮る。
6 器に盛り、2とディルをのせて、オリーブ油とコショウをかける。

桃と生ハムの冷製パスタ

白桃の甘さと香りを生ハムの塩味と一緒に味わってください。
バジルの風味もプラスして夏のランチにぴったりのパスタです。

材料（2人分）

白桃 … 1個
パスタ … 180g
A｜オリーブ油 … 大さじ2
　｜レモン果汁 … 大さじ1
　｜ニンニク（チューブ）… 少々
　｜塩 … 小さじ½
　｜コショウ … 少々
生ハム … 120g
バジル … 適量

作り方

1 小鍋に湯を沸かし、桃をくぐらせて湯むきをする。種を取って一口大に切る。

2 ボウルにAを入れて、よく混ぜてから1を加える。軽く和えて冷蔵庫で冷やす。

3 鍋に湯を沸かし、湯の1%の塩（分量外）を入れる。パスタは袋の表示より1分長く茹でる。冷水に入れ、冷やしてから水を切る。

4 器に3を盛り、その上に2をかけて生ハムとバジルをのせる。

イチゴと菜の花のパスタ

春をたくさん感じられるいろどりが美しいパスタです。

材料（2人分）

菜の花 … 80g
ベーコン … 80g
イチゴ … 小10個
ニンニク … 1片
パスタ … 160g
オリーブ油 … 大さじ1
塩 … 少々
コショウ … 少々
コンソメ（顆粒）… 少々
粉チーズ … 適量

作り方

1 菜の花は4cmに切り、ベーコンは短冊切りにする。
イチゴはヘタを取って縦に4等分に切り、ニンニクはみじん切りにする。

2 鍋に湯を沸かし、湯の1%の塩（分量外）を入れる。
パスタは袋の表示より1分短く茹でる。
茹で汁は大さじ3ほどとっておく。

3 パスタを茹でている間にフライパンにオリーブ油とニンニクを
入れて熱し、香りがしてきたら1の菜の花とベーコンを入れて炒める。

4 2を3に加え、炒める。

5 4に塩、コショウ、コンソメを加えて味を調える。

6 火を止めて皿に盛り、1のイチゴをちらし軽く混ぜ、粉チーズをかける。

ぶどうとじゃがいものグラタン

ホクホクのじゃがいもに焼いたぶどうの甘さが引き立つグラタンです。

材料（2人分）

じゃがいも … 中1個
鶏モモ肉 … 200g
たまねぎ … ½個
バター … 20g
塩 … 適量
コショウ … 適量
A 牛乳 … 250㎖
ニンニク（チューブ）… 小さじ½
コンソメ（顆粒）… 小さじ½
ぶどう＊ … 200g
ピザ用チーズ … 適量

＊ぶどうは種なしで皮ごと食べられるものを選んでください。

作り方

1. じゃがいもは皮をむき、5㎜の厚さの薄切りにする。
2. 鶏肉は小さめの一口大に切り、たまねぎは薄切りにする。
3. フライパンにバターを熱し、2を入れて塩、コショウをふる。
4. たまねぎがしんなりしてきたら1とAを入れる。煮立ったら弱火にして10分ほど煮込み、塩とコショウで味を調えて火を止める。
5. 耐熱容器に4を入れてぶどうとピザ用チーズをのせる。
6. オーブンまたはオーブントースターでチーズが溶けて、焼き色がつくのを目安に15分ほど焼く。

オレンジとクスクスのオーブン焼き

オレンジの香りがするクスクスとベーコンが食欲を誘います。
ミントを添えて、見た目も楽しいオーブン焼きです。

材料（2人分）

オレンジ … ½個
ベーコン（ブロック）… 150g
クスクス … 50g
コンソメ（顆粒）… 小さじ1
塩 … 少々
熱湯 … 60mℓ
バター … 10g
ミント … 適量

作り方

1 オレンジの皮をむき、5㎜の厚さの半月切りにする。ベーコンは棒状に切る。
2 クスクスとコンソメ、塩をボウルに入れ、熱湯を注ぎ、混ぜてからラップをして3分ほど蒸らす。
3 2にバターを加えてよく混ぜる。
4 耐熱のバットに3を敷き、1を均等にのせる。
5 4を200度に予熱したオーブンで15分ほど焼く。
6 オーブンから取り出してミントをちらす。

キウイとトマトの冷製パスタ

暑い時におすすめのフルーティでさっぱりとしたパスタです。

材料（2人分）

パスタ … 180g
キウイフルーツ … 1個
トマト … 中1個
パプリカ … ½個
A | レモン果汁 … 大さじ1½
　| オリーブ油 … 大さじ2
　| 砂糖 … 小さじ½
　| 塩 … 小さじ½
ツナ（缶詰）… 70g

作り方

1 鍋に湯を沸かし、湯の1%の塩（分量外）を入れる。
パスタは袋の表示より1分長く茹でる。
冷水に入れ冷やしてから水を切る。

2 キウイフルーツはいちょう切り、
トマトはくし切り、パプリカは千切りにする。

3 Aをボウルに入れてよく混ぜる。

4 3にツナを加えて軽く混ぜる。

5 4に1と2を加えて混ぜる。

鮭とキャベツのレモンクリームパスタ

何を合わせても美味しいパスタソース。今回は鮭とキャベツを使いました。

材料（2人分）

レモン … 1個
キャベツ … 2枚（50g）
鮭（甘塩）… 1切れ
パスタ … 180g
バター … 20g
牛乳 … 100ml
生クリーム … 100ml
塩 … 少々
オリーブ油 … 15ml
コショウ … 少々

作り方

1 レモンは半分に切る。片方のレモンの皮をすりおろし、
大さじ1½ほどの果汁を絞る。残りのレモンは4枚ほど薄切りにする。

2 キャベツは一口大に切る。鮭はグリルなどで焼き、一口大に切る。

3 鍋に湯を沸かし、湯の1%の塩（分量外）を入れる。
パスタは袋の表示より1分短く茹でる。
茹で汁は大さじ1ほどとっておく。

4 フライパンにバターを熱し、溶けたら牛乳と生クリームを加える。

5 少しとろみがついたら1のレモンの皮と果汁、
塩、2のキャベツを加えて混ぜる。

6 キャベツがしんなりしたら、3とオリーブ油、
1の薄切りにしたレモン、2の鮭を加えて5と絡める。

7 6を器に盛り、コショウをかける。

柿とマッシュルームのグラタン

甘い柿とチーズの組み合わせはクセになります。
柿が旬の時に作ってみてください。

材料（2人分）

柿 … 中2個
ベーコン … 50g
マッシュルーム … 60g
たまねぎ … 中½個
マカロニ … 50g
バター … 10g
薄力粉 … 大さじ1
牛乳 … 200ml
コンソメ（顆粒）… 小さじ½
塩 … 少々
コショウ … 少々
ピザ用チーズ … 適量

作り方

1 柿は皮をむき、一口大に切る。
2 ベーコンは短冊切りに、マッシュルームは5mmの厚さに切り、たまねぎは薄切りにする。
3 鍋に湯を沸かし、湯の1%の塩（分量外）を入れる。マカロニは袋の表示より1分短く茹でる。
4 フライパンにバターを熱し、2のたまねぎを炒める。しんなりしたら薄力粉をふりかけながら加えて炒め合わせる。
5 粉っぽさがなくなったら牛乳を何回かに分けて加え、ソースにとろみがついたら1〜3とコンソメを加えて混ぜる。1分ほど煮る。
6 塩、コショウで味を調えて耐熱皿に盛り、ピザ用チーズをのせる。
7 200度に予熱したオーブンで10分ほど焼く。
＊焼き目がほどよくつくのが目安。

パインミニバーガー

たこ焼き器を使って
楽しいミニバーガーを作ってみませんか。
パイナップルを挟んだら楽しいパーティーに
ぴったりのメニューです。

材料（6個分）

パイナップル … 100g
ミニトマト … 2個
レタス … 大1枚
ミニハンバーグ（冷凍）… 6個
A | ホットケーキミックス … 150g
　| 卵 … 1個
　| 牛乳 … 100mℓ
サラダ油 … 適量
ゴマ … 少々
ケチャップ … 適量
ピック … 6本

作り方

1 パイナップル、ミニトマト、レタスを挟みやすい大きさに切る。
2 ハンバーグを電子レンジで温める。
3 ボウルにAを入れて混ぜる。
4 たこ焼き器にサラダ油を塗り、ゴマを少しずつ入れる。
5 4に3を均等に入れ、こんがりと焼き目がつくまで焼く。
これを12個作る。
6 5で1と2、ケチャップを挟み、ピックを刺す。

りんごと豚肉のホットサンド

りんごと豚肉の組み合わせは抜群。パンに挟んで
カリッと焼けば、美味しいサンドイッチになります。ランチにどうぞ。

材料（2人分）

りんご … ½個
豚ロース肉（薄切り）… 50g
塩 … 少々
コショウ … 少々
オリーブ油 … 適量
食パン（8枚切り）… 2枚
マヨネーズ … 大さじ1
フレンチマスタード … 大さじ½

作り方

1 りんごは4等分して芯を取り、5㎜の厚さに切る。

2 豚肉に塩、コショウをふる。

3 フライパンにオリーブ油を熱し、1を焼く。
焼き色がついたら取り出す。

4 3のフライパンに2を入れ、焼き目がつくまで焼く。

5 食パンの片面にマヨネーズとマスタードを塗る。
1枚の食パンの上にりんごの半分、豚肉、残りのりんご、
もう1枚の食パンの順にのせる。

6 フライパンに少量のオリーブ油を熱し、5を入れる。
軽く押さえながら両面をこんがりするまで焼く。

7 6を取り出して、4等分になるように切る。

キウイと卵とハムのサンドイッチ

いつものサンドイッチにキウイフルーツをプラスするとこんなに楽しい。

材料（2人分）

キウイフルーツ … 1個
ハム … 3枚
卵 … 1個
マヨネーズ … 大さじ1
塩 … 少々
コショウ … 少々
食パン（6枚切り）… 2枚
バター … 適量

作り方

1. キウイフルーツは皮をむき、3㎜の厚さの輪切りにする。ハムは半分に切る。
2. 卵は茹でてみじん切りにし、ボウルに入れる。マヨネーズと塩、コショウを加えて混ぜる。
3. 食パンの片面にバターを塗る。
4. 1枚の食パンの上に2を塗る。ハムとキウイフルーツをずらしながら敷き詰めて、もう一枚の食パンで挟む。
5. 真ん中で切る。

ぶどうとミニトマトのオープンサンド

いろどりがとてもきれいでおしゃれな軽食です。

材料（2人分）

ぶどう※ … 12粒
ミニトマト … 10個
モッツァレラチーズ（一口サイズ）… 18個
バジル … 8枚
A | オリーブ油 … 大さじ1
　| 酢 … 大さじ1
　| きび砂糖 … 小さじ2
　| 塩 … 少々
　| コショウ … 少々
パン（お好みのもの）… 2枚

＊ぶどうは種なしのものを選んでください。

作り方

1 小鍋に湯を沸かし、ぶどうとミニトマトをくぐらせて湯むきをする。

2 ボウルに1とチーズ、ちぎったバジル、Aを入れて混ぜ合わせる。

3 軽くトーストしたパンに2をのせる。

柚子なますのバインミー

パクチーを見つけたら、おうちで柚子が香る
人気のバインミーを作ってみませんか。
レバーペーストが苦手な方はハムやチキンに変えても美味しいです。

材料（2人分）

大根 … 60g
にんじん … 20g
柚子 … ½個
りんご酢 … 大さじ1
砂糖 … 大さじ1
ドッグパン … 2個
レバーペースト … 大さじ1
パクチー … 適量
ナンプラー … お好みで

作り方

1 大根とニンジンは細い千切りにして塩少々（分量外）をふる。
2 1を絞り、水分をとる。
3 柚子の皮をむいて、皮（10g）を千切りにする。
実の方は絞って大さじ1ほどの果汁をとる。
4 ボウルに2と3、りんご酢、砂糖を入れて混ぜ合わせる。
5 パンをオーブントースターなどで軽く焼き、横に切れ目を入れる。
6 5にレバーペーストを塗り、4とパクチーを挟む。
お好みでナンプラーをふる。

キウイとえびのラップサンド

持ち運びに便利で大人気のラップサンドに
キウイフルーツを入れてみました。
これを持ってピクニックに行きたくなります。

材料（2人分）

キウイフルーツ … 1個
むきえび … 150g
塩 … 少々
A
- マヨネーズ … 大さじ2
- ケチャップ … 小さじ1
- コショウ … 少々
- タバスコ … 適量

レタス … 4枚
トルティーヤ … 2枚
ワックスペーパー … 2枚

作り方

1. キウイフルーツは皮をむき、4㎜角に切る。
2. 鍋に湯を沸かし、塩を入れてえびを茹でる。
1分半ほど茹でたら取り出して水気をとる。
3. ボウルに1と2、Aを入れて混ぜる。
4. トルティーヤの両面をフライパンで軽く焼く。
5. 4にレタスと3をのせて、ワックスペーパーと一緒に巻く。
6. ワックスペーパーの両端をねじって留め、半分に切る。

イギリス風レモンパンケーキ

生地に溶け込んだ焦がしバターとレモンの香りが絶妙。

材料（2人分）

レモン … ½個
無塩バター … 35g
薄力粉 … 100g
塩 … 少々
グラニュー糖 … 25g
卵 … 2個
牛乳 … 200mℓ

作り方

1 レモンを輪切りにして2枚とっておく。
残りは果汁を絞るためにとっておく。

2 小鍋に無塩バターを入れて、弱火で熱し、泡が消えて黄金色から茶色に変わったら火を止める。濡れ布巾の上に小鍋ごと置く。

3 ボウルにふるった薄力粉、塩、グラニュー糖を入れ、混ぜる。

4 よく溶いた卵を3に数回に分けて加えよく混ぜる。

5 4に牛乳を数回に分けて加え、よく混ぜる。

6 5に2を加えてよく混ぜる。

7 フライパンにバター（分量外）を熱し、溶かし広げてから6を流し入れ、クレープより少し厚めに焼く。

8 両面がほどよく焼き上がったら端を軽く巻いてお皿にのせ、1のレモンの輪切りをのせる。グラニュー糖（分量外）と1のレモン果汁をかける。

焼きバナナのフレンチトースト

卵液をたっぷりしみ込ませたパンと
ラム酒で香りづけしたバナナの組み合わせはちょっと大人の軽食です。

材料（２人分）

卵 … ２個
A | 牛乳 … 100mℓ
　| グラニュー糖 … 大さじ２
　| バニラオイル … １滴
食パン（厚切り）… ２枚
バナナ … ２本
ラム酒 … 大さじ１
バター … 20g
メープルシロップ … 適量

作り方

1 バットに卵を割り入れて溶きほぐし、Aを加えて混ぜる。

2 食パンの耳を切り落とし、4等分してフォークで穴を開ける。1に1時間ほど漬ける。

3 バナナは1cmの厚さの輪切りにして、ボウルに入れる。ラム酒をふりかけて30分ほどおく。

4 フライパンにバターの半分を熱し、溶かし広げて3を入れる。焦げ目がつくまで焼いて、取り出す。

5 4のフライパンをきれいに拭いてから残りのバターを入れ、熱して溶かし広げ、2を焼く。両面にほどよい焼き目がついたら器に盛り、4をのせて、メープルシロップをかける。

りんごとカマンベールチーズのタルティーヌ

簡単なのに見た目もおしゃれで美味しいタルティーヌ。

材料（2人分）

りんご … 中½個
カマンベールチーズ … 40g
パン（お好みのもの）… 2枚
バター … 適量
クルミ（素焼き）… 適量
ハチミツ … 適量
コショウ … 少々

作り方

1 りんごは3㎜の厚さの薄切りにする。チーズは食べやすい大きさに切る。
2 パンの片面にバターを薄く塗る。
3 2の上に1のりんごを並べてのせる。
4 3の上に1のチーズをのせて、オーブントースターで5分ほど焼く。
5 砕いたクルミをちらして、ハチミツとコショウをかける。

バナナきなこトースト

朝でも簡単に作れて栄養も取れます。

材料（１人分）

バナナ … １本
食パン（６枚切り）… １枚
ハチミツ … 適量
きなこ … 適量

作り方

1 バナナを1㎝の厚さの輪切りにする。
2 食パンにハチミツを塗る。
3 2の上に1をのせて、きなこをふりかける。
4 オーブントースターでこんがり焼き色がつくまで焼く。

イチゴミルクのホットサンド

みんなが大好きな組み合わせにスライスチーズをプラスしてホットサンドに。

材料（2人分）

食パン（8枚切り）… 2枚
イチゴ … 小5個
バター … 適量
スライスチーズ … 1枚
練乳 … 大さじ1

作り方

1 イチゴはヘタを取り、5㎜の厚さの薄切りにする。
2 食パンは2枚とも、片面にバターを塗る。
3 1枚の食パンにスライスチーズをのせる。
その上に1を並べ、練乳をかける。
4 もう一枚の食パンを3の上にのせて、
ホットサンドメーカー、もしくはアルミホイルに包んで
フライパンで焼く。半分に切って器に盛る。

みかんのパンプディング

みかんの優しい甘さがフワフワのパンに溶け込みます。

材料（1人分）

食パン（6枚切り）… 1枚
卵 … 1個
きび砂糖 … 10g
牛乳 … 150㎖
みかん（缶詰）… 40g
粉糖 … 適量

作り方

1 食パンは一口大に切る。
2 ボウルに卵を割り入れて、溶きほぐしてから砂糖と牛乳を加えてよく混ぜる。
3 耐熱の器に1を並べ、上から2をかける。しみ込んだらみかんを重ならないようにのせる。
4 220度に予熱したオーブンで3を20分ほど焼く。
5 オーブンから取り出したら粉糖をかける。

マンゴーポキライス

南の島を思わせるポキ。マンゴーと合わせて
おしゃれに盛り付けてみました。
ソースも添えればおもてなしに最適な一品です。

材料（2人分）

マンゴー … 100g
マグロ（刺身用）… 120g
キュウリ … 1本
ご飯 … 適量
A | 醤油 … 大さじ1
| ゴマ油 … 少々
| みりん風調味料 … 大さじ1
| わさび（チューブ）… 少々
パクチー … 適量
マンゴーソース（p.108）… 適量

作り方

1 マンゴー、マグロ、キュウリはそれぞれ小さめの角切りにする。

2 ボウルにAを入れて混ぜる。
そこに1のマグロを加えて30分ほど漬ける。

3 器にセルクルをのせ、ご飯、キュウリ、マンゴー、
マグロの順に詰めてからセルクルをとる。

4 パクチーをのせて、マンゴーソースをかける。

パイナップルチャーハン

パイナップルの甘さを加えたチャーハンは見た目も味も楽しい。
皮を器にすれば華やかな盛り付けになります。

材料（2人分）

パイナップル … 中1個
たまねぎ … ½個
赤ピーマン … 中1個
ブロックベーコン … 80g
サラダ油 … 大さじ1
シーフードミックス … 80g
ご飯 … 茶碗2杯
ナンプラー … 小さじ1
鶏ガラスープの素（顆粒）… 小さじ½
塩 … 適量
コショウ … 適量
パクチー … 適量

作り方

1 パイナップルは縦半分に切り、包丁で切り込みを入れ、
実をスプーンでくり抜く。取り出した実は1cmの角切りにする。

2 たまねぎと赤ピーマンは粗めのみじん切りにし、
ベーコンは5mmの角切りにする。

3 フライパンにサラダ油を熱し、たまねぎを炒める。

4 たまねぎがしんなりとしたら
赤ピーマン、シーフードミックス、ベーコンを加えて炒める。

5 具に火が通ったらご飯を加え、
ナンプラー、鶏ガラスープの素、塩、コショウで味を調える。

6 5に1の実を加え、混ぜ合わせながら軽く炒める。

7 6をくり抜いた1に盛り、パクチーをのせる。

レモンバターライス

付け合わせや、オムライスにもおすすめです。

材料（3人分）

レモン … ½個
たまねぎ … 中½個
米 … 2合
コンソメ（顆粒）… 小さじ1
バター … 25g
コショウ … 少々

作り方

1 レモンは皮をむき、内側の白い部分を取って細い千切りにする。
2 1のレモンの実は輪切りにして、たまねぎはみじん切りにする。
3 炊飯器にといだ米と水（2合分・分量外）を入れる。さらに2とコンソメを入れて炊く。
4 炊けたらレモンの輪切りは取り出して、レモンの皮とバターを加えて混ぜる。
5 器に盛りコショウをかける。

柚子ご飯

柚子の香りは和食に合いますが、カレーのご飯にもおすすめです。

材料（3人分）

米 … 2合
柚子 … 中1個
昆布茶 … 小さじ1
塩 … 少々

作り方

1 柚子の皮を薄くむく。

2 1のむいた皮を細かく刻む。

3 炊飯器にといだ米を入れる。1の柚子の実を絞り、果汁（小さじ1）を加える。
そこに通常の量の目盛りまで水（分量外）を加える。

4 3に2と昆布茶、塩を入れ、炊き上げて器に盛る。

焼きバナナカレー

スパイシーなカレーに焼いた甘いバナナを混ぜながら
食べてみてください。見た目も楽しいカレーです。

材料（4人分）

鶏もも肉 … 200g
たまねぎ … 中1個
サラダ油 … 少々
水 … 400mℓ
カレールー（辛口・フレーク）… 85g
ご飯 … 600g
バナナ … 2本
バター … 20g

作り方

1 鶏肉とたまねぎは一口大に切る。
2 鍋にサラダ油を熱し、1の鶏肉を入れる。焼き目がつくまで焼く。
3 2に1のたまねぎを加えてよく炒める。そこに水を加えてよく煮込む。
4 火を止めて3にカレールーを加える。火をつけてとろみがつくまで煮込む。
5 別のフライパンにバターを熱し、縦半分に切ったバナナを入れる。
6 バナナの両面をこんがりと焼く。
7 ご飯と4をお皿に盛り、6をのせる。

りんごチキンライス

いつものチキンライスに
りんごとマッシュルームを加えてみませんか。
香りと食感が楽しい一皿になります。

材料（２人分）

りんご … ½個
たまねぎ … 中½個
マッシュルーム … 60g
鶏もも肉 … 100g
バター … 大さじ1
塩 … 適量
コショウ … 適量
ケチャップ … 大さじ3
コンソメ（顆粒）… 小さじ½
ご飯 … 茶碗２杯
パセリ … 適量

作り方

1. りんごは皮をむき芯を取り、8等分してから5㎜の厚さの薄切りにする。たまねぎは粗めのみじん切り、マッシュルームは5㎜の厚さの薄切り、鶏肉は1㎝角に切る。
2. フライパンにバターを熱し、溶けたらたまねぎを入れ、炒める。
3. たまねぎが透き通ったら鶏肉を加え、塩、コショウをふって炒める。
4. 鶏肉に火が通ったらりんごとマッシュルームを加えて炒める。
5. りんごがしんなりしてきたらケチャップとコンソメを加えて炒め合わせる。
6. 5にご飯を加えて炒める。塩、コショウで味を調える。
7. 6を器に盛り、みじん切りにしたパセリをちらす。
8. 薄切りにしたりんご（分量外）とパセリを添える。

あんぽ柿のドライカレー

甘さが優しいドライカレーがクセになります。

材料（２人分）

あんぽ柿（干し柿）… 100g
たまねぎ … 中½個
サラダ油 … 小さじ2
しょうが（チューブ）… 小さじ1
ニンニク（チューブ）… 小さじ1
牛豚合挽き肉 … 180g
カレー粉 … 大さじ1
コンソメ（顆粒）… 小さじ1
ケチャップ … 大さじ1
塩 … 適量
ご飯 … 適量
パクチー … 適量

作り方

1 ヘタを取ったあんぽ柿とたまねぎは粗めのみじん切りにする。
2 フライパンにサラダ油を熱し、しょうがとニンニクを入れる。香りが立ったらたまねぎを加えて炒める。
3 たまねぎに火が通ったら挽き肉とあんぽ柿を加えて肉汁が透き通るまで炒める。
4 3にカレー粉、コンソメ、ケチャップを加え、香りが立つまで炒める。
5 塩を加えて味を調える。
6 器にご飯と5を盛り、パクチーをのせる。

オレンジのピラフ

卵で包んでオムライスにするのもおすすめです。

材料（3人分）

たまねぎ … 中½個
米 … 2合
バター … 15g
オレンジ … 2個
コンソメ（顆粒）… 小さじ1
塩 … 少々
コショウ … 少々
レーズン … 25g

作り方

1 たまねぎはみじん切りにする。
2 米は洗ってザルにあける。
3 フライパンにバターを熱し、溶かし広げ、たまねぎを入れ炒める。
4 たまねぎが透き通ったら米を加えて炒め、米が透き通ったら火を止めて冷ます。
5 オレンジは150㎖の果汁を絞る。
6 炊飯器に4と5を入れて2合分の目盛まで水（分量外）をたす。
7 6にコンソメ、塩、コショウを加えて炊く。
8 炊き上がったらレーズンを加えて混ぜる。

column C

フルーツは加熱して食べるのも◎

フルーツは生でそのまま食べても十分美味しいものですが、加熱することでまた違う美味しさが味わえます。ジャムはフルーツを甘く煮込んで作りますが、もともと持っている甘味と酸味を生かして甘くないお料理に使うこともできます。試しにフルーツにそのまま熱を加えて食べてみてください。

最初はバナナがおすすめです。加熱することでオリゴ糖がさらに増してとても甘くなります。皮のままアルミホイルに包んでトースターやオーブンで焼いてみましょう。フライパンでも大丈夫。途中でひっくり返して5分ほど焼くと皮がびっくりするほど真っ黒になりますが、皮をむくと白くて柔らかいバナナが登場します。甘くて温かいバナナにシナモンパウダーをひとふりかけていただくだけで素敵なデザートになります。またこれをトーストにのせるのもおすすめです。

それからみかん。アルミホイルを敷いたトースターで皮に焼き目がつくまで焼いてください。水分が蒸発して甘くなります。粗熱が取れたら皮をむいて食べてみてください。トロトロでマーマレードのような美味しさです。私はヨーグルトに加えたりもします。

またりんごを温めていただく時は電子レンジで加熱すれば簡単です。生で食べるよりもしんなりして食べやすいと思います。カットしてレタスと和えると美味しいサラダに。オリーブオイルとお酢、少量の塩、胡椒、きび砂糖だけで市販のドレッシングを使わなくても美味しくいただけます。

初めての方も難しいことはないので、まずは好きなフルーツを温めて新しい食べ方に挑戦してみてください。美味しい発見は楽しいですよ。

chapter

4

drink & dressing

ノンアルコールサングリア

色々なフルーツの香りが楽しめる美しい飲み物です。

材料（2人分）

ぶどうジュース … 500mℓ
りんご … 中¼個
オレンジ … 小½個
イチゴ … 小8個
シナモンステック … 2本

作り方

1. りんごとオレンジはくし切りにして、イチゴはヘタを取る。
2. 鍋にすべての材料を入れて火にかける。
3. 周りがふつふつとしてきたら、火を止めて冷ます。粗熱が取れたら冷蔵庫で冷やす。
4. 氷を入れたグラスに3を注ぐ。

パイナップルモヒート

夏に飲みたいノンアルコールカクテルです。

材料（1人分）

パイナップル … 40g
ライム … ½個
ミント … 一掴み
ガムシロップ … 大さじ2
炭酸水 … 200ml

作り方

1 パイナップルは一口大に切ってから、7mmの厚さの薄切りにする。

2 ライムは¼を薄切りにする。

3 グラスに1と2、ミント、ガムシロップを入れる。

4 3に炭酸水を注ぐ。

5 2で残ったライムの皮と実の間に切り込みを入れて4に絞り、グラスにかける。

オレンジティーソーダ

オレンジと炭酸で割った紅茶の組み合わせは、夏におすすめです。

材料（２人分）

オレンジ … 1個
紅茶葉 … 10g
湯 … 200mℓ
水 … 50mℓ
氷 … 150g
ガムシロップ … 15mℓ
炭酸水 … 50mℓ

作り方

1 オレンジは半分に切り、中心に近いところを薄い2枚の輪切りにする。
2 1の残りのオレンジを絞って70mℓの果汁をとり、冷蔵庫で冷やす。
3 ポットに紅茶葉を入れて湯を注ぎ、3分蒸らしてから茶葉をこし、水を加える。
4 50gの氷を別の器に入れ、3を注ぐ。
5 2個のグラスに残りの氷を半分ずつ入れて、2とガムシロップを加えて混ぜる。
6 5に4と炭酸水を注いで、1を加える。

オレンジジンジャーエール

生のオレンジとしょうがでジンジャーエールを作ってみましょう。

材料（1人分）

オレンジ … 1個
しょうが … 25g
グラニュー糖 … 70g
氷 … 適量
炭酸水 … 適量
レモン … ¼個
タイム … 適量

作り方

1 オレンジを絞り、果汁100mlをとる。
2 しょうがはすりおろす。
3 小鍋に1と2、グラニュー糖を入れて火にかける。
4 沸騰したら弱火にして、アクを取りながら2分煮る。
5 4をこしながら器に入れて、粗熱が取れたら冷蔵庫に入れて冷やす。
6 氷を入れたグラスに5と炭酸水を注ぎ、レモンを絞ってタイムを添える。

柚子アールグレイ

柚子とアールグレイの相性を楽しんでみませんか。

材料（1人分）

アールグレイ（茶葉）… 4g
湯 … 適量
A | 柚子 … 3個
  | 砂糖 … 150g
氷 … 適量
＊Aの柚子シロップの材料は作りやすい分量になっています。

作り方

1 柚子は半分に切って果汁を絞る。
2 1の柚子の皮をむいて、千切りにする。
3 鍋に湯を沸かし、2を入れて3分ほど茹でて湯を捨てる。これを3回ほど繰り返してから、水気をしっかりとる。
4 鍋に1と砂糖、3を入れてとろみがつくまで10分ほど煮詰める。
5 火を止めて、粗熱が取れたら冷蔵庫で冷やす。煮沸消毒したビンに詰める。
6 アールグレイを濃い目に入れる。
7 グラスに氷と5を適量入れて、6を注ぐ。

柚子サイダー

柚子の香りを弾けるサイダーと一緒に楽しみましょう。

材料（1人分）

湯 … 適量
A｜柚子 … 3個
　｜砂糖 … 150g
サイダー … 150mℓ
氷 … 適量
＊Aの柚子シロップの材料は
作りやすい分量になっています。

作り方

1 柚子は半分に切って果汁を絞る。

2 1の柚子の皮をむいて、千切りにする。

3 鍋に湯を沸かし、皮を入れて3分ほど茹でて湯を捨てる。
これを3回ほど繰り返して、水気をしっかりとる。

4 鍋に1と砂糖、3を入れてとろみがつくまで10分ほど煮詰める。

5 火を止めて、粗熱が取れたら冷蔵庫で冷やす。
煮沸消毒したビンに詰める。

6 グラスに氷と5を適量入れて、サイダーを注ぐ。

柿ミルク

熟した柿を使って冷やせば固まってプリンにもなります。

材料（1人分）

柿 … 中1個
牛乳 … 150mℓ

作り方

1 柿のヘタを取り、皮をむいて適当な大きさに切る。
2 ミキサーに柿と牛乳を入れ、攪拌する。
グラスに注ぐ。

本物メロンソーダ

メロンを贅沢に使った夢のクリームソーダ。

材料（2人分）

メロン … 1個
サイダー … 200mℓ
アイスクリーム … 適量
ミント … 適量

作り方

1 メロンは半分に切り、種を取る。この種はとっておく。

2 果肉をスプーンもしくは小さじを使って回転させながらできるだけたくさんくり抜く。器に入れて冷蔵庫で冷やす。

3 2の皮の内側にナイフを入れて、残った果肉をできるだけ取り、器を作る。取った果肉は一口大に切って器と共に冷蔵庫で冷やす。

4 1の種をザルに入れてスプーンを押し付けながら果汁を絞る。取れた果汁は冷蔵庫で冷やす。

5 3の器に2と3の果肉をのせる。

6 5に4とサイダーを注ぎ、アイスクリームをのせてミントを飾る。

果実を使った、ドレッシング・ソースのご紹介

柿ドレッシング

材料（1人分）

柿 … 中1個
A 酢 … 大さじ1
　レモン果汁 … 大さじ1
　塩 … ひとつまみ
オリーブ油 … 大さじ1
コショウ … 適量

作り方

1 柿をすりおろし、ボウルに入れる（ブレンダーなどでつぶしても可）。
2 1にAを加えて混ぜる。
3 2にオリーブ油を少しずつ加えながらよく混ぜる。
4 3にコショウを加えて味を調える。

マンゴーソース

材料（1人分）

マンゴー（果肉）… 100g
酢 … 大さじ1
おろしニンニク … 少々
塩 … 少々
タバスコ* … 小さじ1
*辛いのが苦手な方は入れなくてもOK

作り方

1 すべての材料を合わせてフードプロセッサーにかける。

キウイの焼肉のタレ

材料（2人分）

赤ワイン … 50mℓ
醤油 … 100mℓ
きび砂糖 … 40g
キウイフルーツ … 1個
たまねぎ … ¼個
ニンニク … 1片
しょうが … 少々
ゴマ油 … 大さじ1
ゴマ … 大さじ1

作り方

1 鍋にワイン、醤油、砂糖を入れ、煮切ってアルコールを飛ばしてから冷ます。
2 キウイフルーツは半分をみじん切り、半分は適当な大きさに切る。
3 たまねぎ、ニンニク、しょうがは粗いみじん切りにする。
4 ボウルに3とゴマ油、ゴマ、適当な大きさに切ったキウイフルーツを入れてブレンダーで攪拌する（ミキサーでも可）。
5 1に4とみじん切りにしたキウイフルーツを加えて混ぜる。冷蔵庫で冷やす。

桃ドレッシング

材料（3人分）

白桃（缶詰）… 1缶
オリーブ油 … 大さじ4
りんご酢 … 40㎖
きび砂糖 … 大さじ½
塩 … 少々
コショウ … 少々

作り方

1 桃は一口大に切る。
2 すべての材料を器に入れ、ブレンダーで攪拌する（ミキサーでも可）。
3 冷蔵庫で冷やす。

りんごアールグレイクリーム

材料（2人分）

りんご … ½個
生クリーム … 100㎖
アールグレイ（粉末）… 小さじ1
砂糖 … 大さじ1

作り方

1 りんごは細かい角切りにして、耐熱ボウルに入れる。
2 1にラップをかけて500Wの電子レンジで2分加熱する。粗熱を取り、冷蔵庫で冷やす。
3 ボウルに生クリームを入れて泡立てる。途中で砂糖を加え、さらに泡立てる。
4 3に2とアールグレイの粉末を加えて軽く混ぜる。

オレンジドレッシング

材料（1人分）

オレンジ … 中½個
A｜オリーブ油 … 大さじ2
　｜りんご酢 … 大さじ1
　｜塩 … ひとつまみ
　｜コショウ … 適量

作り方

1 オレンジは皮と薄皮をむき、実を取り出す。
2 1の実をみじん切りにする。
3 2とAをボウルに入れて混ぜ合わせる。

ぶどうのドレッシング

材料（2人分）

ぶどう* … 20粒
オリーブ油 … 大さじ2
酢 … 小さじ1
きび砂糖 … 大さじ1
塩 … 小さじ¼
コショウ … 少々
*ぶどうは種なしで皮ごと食べられるものを選んでください。

作り方

1 すべての材料を滑らかになるまでミキサーで攪拌する。
2 器に入れて冷蔵庫で冷やす。

レモン味噌

材料（2人分）

レモン … ½個
みりん … 100ml
味噌 … 大さじ4
きび砂糖 … 大さじ1

作り方

1 レモンは皮をむく。皮をみじん切りにする。
2 1で残った実は絞り、果汁を大さじ1ほどとる。
3 小鍋にみりん、味噌、砂糖を入れ、弱火にかける。味噌を溶かしながら焦げないようにかき混ぜ続ける。
4 とろみがついてきたら1と2を加えて、全体がなじむまで煮る。

レモンクリームソース

材料（2人分）

レモン … ½個
生クリーム … 200ml
牛乳 … 100ml
バター … 25g
粉チーズ … 大さじ1
塩 … 小さじ1
コショウ … 少々
パセリ … 適量

作り方

1 レモンは2枚の薄切りにする。残りは皮をすりおろして、果汁を大さじ1ほど絞る。
2 小鍋に生クリーム、牛乳、バター、粉チーズを入れ、弱火にかける。
3 とろみがついてきたらすぐに1のレモンの皮と果汁、塩、コショウを入れてかき混ぜ、火を止める。
4 3を器に入れて冷蔵庫で冷やす。薄切りにした1をのせ、パセリをちらす。

column 

フルーツの旬で季節を感じる

最近ではりんごやバナナ、パイナップル、ぶどうなど1年中お店で見かけるフルーツが増えました。とても手軽に買えるので本書でもたくさん登場します。でもまだまだその季節にならないと手に入らない旬のフルーツもたくさんあります。そんなフルーツを出始めに見つけるとワクワクして季節を感じる事ができます。

例えばこのコラムを書いている6月はさくらんぼの季節です。艶々して赤く愛らしい形の果実は店頭で見つけると嬉しくて思わず買ってしまいます。そして愛でて、いただいて初夏を感じるのです。さくらんぼを味わっているとそれにまつわるできごとがふっと思い出される事があります。誕生日に母がたくさん買ってくれた事。友達と分け合って笑いながら食べた事。お世話になった方にプレゼントしてとても喜ばれた事。食にまつわる思い出はたくさんありますが、季節感が加わる事もありフルーツが登場する思い出は鮮明に思い出され、大切なものになっています。そんな思い出は気持ちを穏やかにそして生活を豊かにしてくれると思うのです。

旬のフルーツの出始めは高価ですが少し経つとたくさん出回るようになり値段も落ち着き味も美味しくなります。栄養価も高くフルーツ自体の持つ力で成長できるので農薬なども抑えられると聞きました。安全で美味しいフルーツを楽しめるのは嬉しい事です。

ぜひ季節を意識してスーパーマーケットや果物屋さんを覗いてみてください。また最近はインターネットで農園からのお取り寄せも簡単にできるようになりました。早めに予約して旬に届くのも楽しくておすすめです。皆さんもお気に入りの旬のフルーツを見つけましょう。そして愛でて味わって楽しみましょう。

Tiny
FRUIT
KITCHEN

タイニーフルーツキッチン

イラストレーターの母とフォトグラファーでスイーツコンシェルジュの息子の親子ユニット。おうちで作るスイーツとそのレシピ、お出かけで見つけたステキなスイーツなどを投稿する。投稿されるレシピは可愛らしいイラストと雰囲気のある写真で多くの人を惹きつける。著書に『タイニーフルーツキッチン』(KADOKAWA)がある。

X: @t_f_kitchen
Instagram: tiny_fruit_kitchen

果物を楽しむ新しい一皿
フルーツキッチン

2024年9月1日　初版発行

著者　タイニーフルーツキッチン
撮影　土谷匠瞳
デザイン　高橋 良［chorus］
校正　鷗来堂
DTP　株式会社明昌堂
発行者　鈴木伸也
発行　株式会社大泉書店
〒105-0001 東京都港区虎ノ門4-1-40
江戸見坂森ビル4F
電話 03-5577-4290(代)
FAX 03-5577-4296
振替 00140-7-1742
印刷　半七写真印刷工業株式会社
製本　株式会社明光社

ISBN　978-4-278-03832-3　C0077